CATALOGUE

DES

OBJETS DE CURIOSITÉ

ET

D'AMEUBLEMENT

Porcelaines et Faïences anciennes; Objets de vitrine;
Boites; Éventails; Bijoux; Laques et Poteries du Japon; Objets bysantins
Objets divers;

MEUBLES LOUIS XV ET LOUIS XVI;

Cabinet portugais; Meubles en vernis de Martin;

TAPIS DE LA SAVONNERIE

Tapisserie; Étoffes; Cantonnière péruvienne.

BIJOUX ORNÉS DE DIAMANTS

DONT LA VENTE AURA LIEU

HOTEL DROUOT, SALLE N° 8

Le Jeudi 28 Décembre 1882, à une heure et demie.

COMMISSAIRE-PRISEUR

Mᵉ PAUL CHEVALLIER, Succʳ de Mᵉ CH. PILLET
10, rue de la Grange-Batelière,

M. CH. MANNHEIM, Expert, 7, rue St-Georges,

Chez lesquels se trouve le présent Catalogue.

EXPOSITION PUBLIQUE: Le Mercredi 27 Décembre 1882
De 1 heure à 5 heures.

CONDITIONS DE LA VENTE

La vente sera faite au comptant.

Les acquéreurs payeront cinq pour cent en sus des enchères.

L'exposition mettant le public à même de se rendre compte de l'état des objets, il ne sera admis aucune réclamation une fois l'adjudication prononcée.

Paris. — Typ. Pillet et Dumoulin 5, rue des Grands-Augustins.

28 Décembre 82.

Vente du Jeudi 28 Décembre 1882,

HOTEL DROUOT, SALLE N° 8.

OBJETS DE CURIOSITÉ

ET

D'AMEUBLEMENT

PORCELAINES ET FAIENCES
OBJETS DE VITRINE, OBJETS JAPONAIS
MEUBLES LOUIS XV ET LOUIS XVI
TAPIS ET ÉTOFFES

BIJOUX ORNÉS DE DIAMANTS

EXPOSITION PUBLIQUE

LE MERCREDI 27 DÉCEMBRE 1882

De une heure à cinq heures.

COMMISSAIRE-PRISEUR

Mᵉ PAUL CHEVALLIER, Succ' de Mᵉ CH. PILLET

10, rue de la Grange-Batelière

M. CH. MANNHEIM, Expert, 7, rue St-Georges.

IMPRIMERIE PILLET ET DUMOULIN

Rue des Grands-Augustins, 5, à Paris.

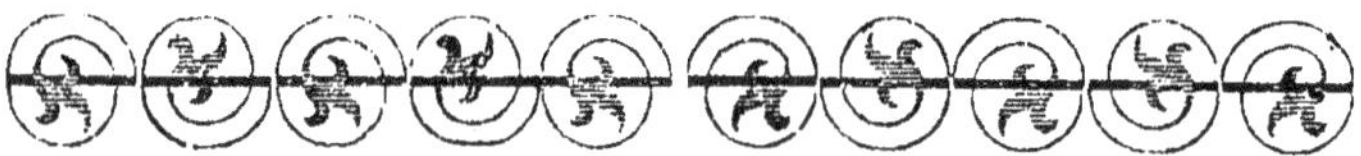

DÉSIGNATION DES OBJETS

PORCELAINES ET FAIENCES

1 — Petite bonbonnière ronde en ancienne porcelaine tendre de Mennecy, garnie d'une monture en argent.

2 — Deux tasses en ancienne pâte tendre de Doccia, fond bleu Vincennes à médaillons de fleurs.

3 — Tasse en ancienne porcelaine de Vienne, fond bois à médaillon de paysage en grisaille.

4 — Tasse et assiette en porcelaine de Nyon, à fleurs et guirlandes d'or.

5 — Tasse en vieux vienne, décorée de fleurs.

6 — Tasse en vieux vienne, à guirlandes de fleurs, rehaussées d'or et d'argent.

7 — Une tasse à deux anses et trois petites tasses en vieux saxe à décor chinois.

8 — Assiette en ancienne porcelaine de Sèvres, pâte tendre, à fleurs et filets bleus.

9 — Trois assiettes en ancienne porcelaine de Chine émaillée, variées de décors.

10 — Trois tasses en vieux saxe, à décor japonais.

11 — Tasse en vieux saxe, à décor de fleurs.

12 — Plat creux en porcelaine du Japon, à décor bleu.

13 à 16 — Un grand plat, un compotier et quatre assiettes en ancienne porcelaine du Japon, décors variés, bleu, rouge et or.

17 — Deux cache-pots en ancien biscuit de Wedgwood, fond bleu, à figures en relief.

18 — Trois assiettes en saxe, à fleurs et personnages.

19 — Un bol à couvercle avec soucoupe, cinq tasses et soucoupes diverses, en saxe.

20 — Soupière et plat en porcelaine de l'Inde, à fleurs.

21 — Une boîte en saxe.

22 — Deux figures en ancien blanc de Chine.

23 — Un cache-pot cylindrique en porcelaine, à décor
bleu, à paysage.

24 — Un vide-poche en porcelaine vert d'eau avec
figure de magot.

25-26 — Cinq plats de diverses grandeurs en porcelaine de Chine, à décor bleu, paysages et fleurs.

27-28 — Six pièces en satzuma : deux braseros et
trois vases de formes variées.

29 — Un bol en vieux chine émaillé vert foncé avec
paysage à l'intérieur.

30 — Un vase cylindrique fond rose et un petit bra-
sero avec trépied en céladon craquelé.

31-40 — Quarante pièces diverses, vases, coupes, cen-
driers, flacons en poteries japonaises et chinoises.

41 — Une divinité en céladon et six poussahs en terre
émaillée.

42 — Deux petits vases et un pitong carré en boccaro.

43 — Deux grands plats en faïence espagnole, à re-
flets métalliques, rehaussés de bleu.

44 — Deux flambeaux en faïence italienne moderne,
à figures d'enfants.

45 — Deux potiches en faïence de Delft, décor bleu.

46 — Une buire en grès.

OBJETS DE VITRINE

47 — Un grand gobelet à pied et à couvercle en argent repoussé à ornements, époque Louis XV.

48 — Un autre gobelet à pied, en argent repoussé, de l'époque Louis XV.

49 — Une tabatière ovale en écaille incrustée d'argent, et une bonbonnière en écaille avec cercle en cuivre.

5o — Un émail, portrait de Charles-Quint, et un émail représentant la Vierge.

5I — Bonbonnière triangulaire en agate d'Allemagne.

52 — Deux camées, l'un monté en broche.

53 — Deux boîtes en bronze et en fer, deux fourchet-en fer, un manche en fer, une cuiller en nacre et cuivre.

54 — Dix paires de boucles anciennes.

55 — Un pendantif en argent.

56 — Un collier et une broche formés de reproductions de camées et d'intailles en pâte de verre, avec entourages de turquoises.

57 — Une bague en or, avec vase de fleurs formé de pierres fines.

58 — Une bague en or ciselé, ronde d'enfants autour d'une rose.

59 — Un éventail Louis XVI à monture d'ivoire, rehaussée d'or et feuille peinte à la gouache, représentant le Parnasse.

60 — Deux éventails anciens à montures de nacre.

61 — Couteau Louis XIII à manche garni d'argent ; fourreau en galuchat.

62 — Boîte ronde en écaille avec couvercle orné d'un bas-relief en ivoire. Époque Louis XVI.

63 — Boîte ronde en ivoire sculpté à figures et ornements.

64 — Montre en cuivre ornée d'un émail de Genève avec entourage de stras.

65 — Une miniature, portrait de femme, un dessus de boîte et une boîte ronde avec miniature.

66 — Miniature Louis XVI, portrait d'homme dans un cadre moderne en or.

67 — Boîte en émail de Saxe à fleurs et un petit pot à crème en ancienne porcelaine de Saxe à fleurs.

68 — Deux bas-reliefs carrés en ivoire sculpté, repré-

sentant les portraits en buste d'Henri IV et de Marie de Médicis.

69 — Petite figurine du Temps en bronze, sur socle en bois.

OBJETS DU JAPON

70 — Trois petites pagodes en laque, contenant chacune une divinité chinoise en bois sculpté.

71 — Deux boîtes rondes en laque noir rehaussé d'or.

72 — Une divinité indienne assise, en bois sculpté et doré.

73 à 75 — Sept pièces en laque : boîte carrée à couvercle, deux boîtes à gants, deux plateaux, une cantine de fumeur, une petite boîte avec garniture gravée.

76 — Une lanterne chinoise en cuivre découpé à jour.

77 — Une corbeille à deux anses en cuivre gravé.

78 — Une théière chinoise en fer gravé, un pitong en bambou gravé.

79 — Un jeu d'échecs en pierre de lard.

80-81 — Quatre Kakemonos peints sur étoffe et sur papier.

82 — Trois sabres japonais.

83 à 85 — Quatre arcs, deux lots de flèches et trois instruments de musique, un parasol et instruments de pêche chinois.

86-87 — Quatre flambeaux formés chacun d'un oiseau en bronze.

88 — Un lot de bois sculptés, pieds de meubles, frises, etc.

OBJETS DIVERS

89 — Une coupe ronde en bronze antique.

90 — Un plateau rond en cuivre émaillé.

91 — Une croix byzantine, avec Christ en bronze émaillé, garnie d'appliques de cuivre repoussé aux emblèmes des évangélistes.

92 — Croix avec Christ en bronze et plaques d'a-gate.

93 — Deux panneaux peints à sujets religieux, de l'é-cole primitive.

94 — Deux vases en porcelaine turquoise avec mon-tures en bronze.

95 — Un coffret Louis XIII en fer gravé.

96 — Un vase à anse et couvercle en porcelaine de Capo di Monte.

97 — Deux chandeliers et six pièces en cuivre émaillé.

98 — Un petit vase genre Saxe et une coupe en sèvres monté en bronze.

99 — Une serrure gothique avec sa clef et une pelotte en acier.

100 — Un bâton de pèlerin en bois sculpté de Jérusalem.

101 — Bas-relief en cire blanche représentant le cortège d'un seigneur florentin du XVIe siècle.

102 — Petite mandoline en écaille incrustée de nacre, de travail sicilien du XVIIe siècle.

103 — Bas-relief en terre cuite émaillée; offrande à Vénus, signé Richardot.

104 — Groupe en terre de Siflé : jeux d'enfants.

105 — Deux appliques en cuivre : trois lumières.

106 — Deux candélabres, genre rocaille en bronze doré.

107 — Un lot de petits ivoires.

108 — Un lot de bijoux en faux.

109 — Une lanterne chinoise.

110 — Deux grandes gouaches du temps de Louis XVI.

111 — Deux grandes aquarelles, copies d'après Deveria.

112 — Tableau par COURT, la Jeune paysanne.

113 — Deux flambeaux composés de figures de nymphe et de satyre en bronze, sur base à ornements.

MEUBLES

114 — Belle commode en bois de rose et marqueterie dessus de marbre blanc, travail italien de l'époque de Louis XVI.

115 — Commode de même travail et de même modèle, mais un peu plus petite que la précédente.

116 — Petit chiffonnier en noyer et marqueterie d'oranger, travail italien de l'époque Louis XVI, dessus de marbre.

117 — Deux petits chiffonniers Louis XV en bois de rose à dessus de marbre griotte.

118 — Petite console Louis XVI en acajou, ornée de bronzes dorés, dessus de marbre vert.

119 — Pendule Louis XV en bois de rose, garnie de bronzes et surmontée d'une figurine.

120 — Miroir Louis XIII avec bordure en bois noir à moulures guillochées.

121 — Cassette en bois d'acajou garnie d'écoinçons en cuivre découpé; elle contient un tiroir à secret.

122 — Table de nuit Louis XVI en bois de rose et à dessus de marbre.

123 — Cadre florentin en bois sculpté à jour et doré.

124 — Cabinet portugais à dix tiroirs formant seize panneaux saillants à moulures guillochées, garnis de poignées de bronze. Il repose sur une table en bois sculpté à jour avec pieds et entrejambes à torsades.

125 — Petite glace Louis XVI dans un cadre en bois sculpté et doré à vase festons et rubans.

126 — Commode Louis XV en bois de rose garnie de bronzes dorés, dessus de marbre.

127 — Un grand lit en noyer de style Henri II à colonnes et baldaquin.

128 — Une table Henri II en noyer sculpté et à moulures.

129 — Un fauteuil Louis XIV en bois sculpté couvert de damas rouge.

130 — Un petit bureau Louis XVI à cylindre en acajou avec poignées en bronze.

131 — Deux fauteuils Louis XV en bois doré.

132 — Grande table en chêne sculpté de style Henri II.

133 — Un petit chiffonnier Louis XV en bois de rose.

134 — Petit bureau Louis XVI en acajou avec casier vitré.

135 — Une vitrine Louis XIV en bois de noyer sculpté à rinceaux et à moulures.

136 — Une commode genre vernis de Martin, fond vert avec ornements en camaïeu rose se détachant sur fond d'or et amours sur les côtés, garniture de bronze et dessus de marbre.

137 — Une table toilette duchesse genre vernis de Martin et garnie de bronze.

138 — Une table à ouvrage genre vernis de Martin, décor à sujet dans le goût de Watteau, garniture de bronze.

ÉTOFFES

139 — Grand tapis de la Savonnerie à ornements et écussons.

140 — Une tapisserieflamande, verdure avec bordure **d'orne-ments.**

141 — Un costume Louis XVI, composé d'un habit, d'une culotte en velours et d'un gilet brodé.

142 — Deux couvre-lits portugais en toile, brodés de soie à fleurs.

143 — Un carré pour coussin en satin rouge brodé d'or à vase de fleurs.

144 — Grande cantonnière péruvienne, en étoffe rouge appliquée d'ornements de cuivre argenté.

BIJOUX

145 — Joli collier bayadère, composé de trente-sept rangs en perles fines, avec glands ornés de roses.

146 — Belle châtelaine composée de trois motifs d'ornements exécutés en diamants taillés en roses, sur monture en argent.

147 — Flacon florentin en émail.

148 — Épingle à cheveux formée d'un oiseau en perles fines et rubis.

149 — Parure composée d'une broche marguerite, de deux pendants d'oreilles et d'une bague en émeraudes et roses.

150 — Une paire de boucles d'oreilles anciennes en émeraudes et roses, montées sur argent.

151 — Une paire de boucles d'oreilles et un pendantif ancien en chrysolines.

152 — Deux étoiles en brillants montés sur or.

153 — Un médaillon, deux boucles d'oreilles ornées de médaillons en grisaille, de pierres de couleurs et de perles.

154 — Un bracelet, deux boucles d'oreilles et deux boutons de manchettes en or italien, ornés de turquoises et de rubis cabochons.

155 — Quatorze agrafes anciennes et une épingle en stras, deux boucles d'oreilles.

156 — Parure en corail composée d'un diadème, d'un peigne et d'un bracelet.

157 — Deux boucles d'oreilles en or à perles fines.

158 — Deux boutons d'oreilles en émeraudes et rubis.

159 — Un médaillon et chaîne en or avec chiffre et deux boutons de manchettes en or.

160 — Un médaillon en or orné de quatre petites perles et de boules de lapis.

161 — Quatre boucles formées de coquilles de nacre entourées de rubis.

162 — Deux broches, un pendantif et une boucle en stras, deux épingles.

163 — Deux croix, une broche porte-bouquet, un médaillon en strass et une fausse perle.

164 — Broche formée d'un paon en émail.

165 — Deux camées, têtes romaines.

166 — Une broche médaillon avec miniature sur émail.

167 — Une montre et un manche en argent.

168 — Un bracelet, une broche et une boucle en améthystes

169 — Un éventail à monture chinoise, en ivoire, une monture d'éventail et un éventail à monture de nacre.

170 — Une breloque à musique ornée d'un émail de Genève.

171 — Un petit coffret espagnol en écaille appliqué d'argent.

172 — Une plaque gréco-russe, en cuivre.